Gehäkelte Gardinen 3

Elke Selke

Gehäkelte Gardinen 3

Fotografie und Grafik: Karsten Selke

Bibliografische Information der Deutschen Nationalbibliothek:
Die Deutsche Nationalbibliothek verzeichnet diese Publikation in der Deutschen
Nationalbibliografie; detaillierte bibliografische Daten sind im Internet
über http://dnb.d-nb.de abrufbar

Herstellung und Verlag: BoD - Books on Demand GmbH, Norderstedt

ISBN: 9783732238163

Inhalt

Liebe Leserinnen und Leser

Aller guten Dinge sind drei und ich freue mich, Ihnen nach der positiven Resonanz auf meine Bücher "Gehäkelte Gardinen" und "Gehäkelte Gardinen 2" nun die Nummer 3 präsentieren zu können.

Sie finden in diesem Büchlein Gardinen für die ganze Wohnung. Gardinen mit Jugendstilmotiven sind ebenso enthalten wie Gardinen mit Tier- oder Kindermotiven, Gardinen mit floralen, maritimen und grafischen Mustern. Bestimmt ist auch Ihr Lieblingsmodell dabei.

Zu allen Modellen finden Sie Beschreibungen, Materialangaben und Musterzeichnungen sowie Tipps und Tricks für mögliche Variationen.

Ich wünsche Ihnen viel Spaß beim Häkeln!

Elke Selke

Bevor Sie beginnen...

Für das Gelingen der Häkelarbeit ist die Auswahl des Materials entscheidend. Bitte bedenken Sie bei der Auswahl des Garnes, dass eine Handarbeit, die in jedem Fall viel Zeit in Anspruch nimmt, auch für viele Jahre ihre Schönheit behalten soll. Daher ist es sehr wichtig, Garn in guter Qualität zu wählen. Lassen Sie sich vom Händler beraten oder nutzen Sie die Telefonhotlines der Hersteller. Häkelgarne gibt es nicht nur in verschiedenen Farben und Qualitäten, sondern auch in verschiedenen Stärken. Für Gardinen empfehle ich die Stärke 10. Die meisten Gardinen dieses Buches sind mit Baumwollgarn in Stärke 10 gearbeitet.

Wichtig ist auch die Wahl einer geeigneten Häkelnadel. Diese muss auf die Stärke des Garnes abgestimmt sein. Sie finden auf den Banderolen des Häkelgarns Angaben zur geeigneten Größe der Häkelnadel. Auch die Häkelnadel sollte von guter Qualität sein. Eine Nadel, die nicht gut verarbeitet ist, die beim Häkeln hakt oder nicht gut in der Hand liegt, wird Ihnen keine Freude bereiten.

8

Ob Sie eine Häkelnadel aus Metall, Bambus, Holz oder Kunststoff wählen, ist Ihrem Empfinden überlassen. Probieren Sie die Nadeln am besten vor dem Kauf aus.

Bei jeder Gardine habe ich Maße angegeben, die als Orientierung dienen sollen. Selbst bei Verwendung des gleichen Garns und einer Häkelnadel in der gleichen Stärke können Abweichungen auftreten. Auch ob Sie fest oder locker häkeln hat einen Einfluss auf die endgültige Größe der Arbeit. Bitte beachten Sie, dass die angegebenen Maße der gespannten Gardine entsprechen.

Sie finden bei vielen Modellen auch Hinweise zur Veränderung der Größe. Einige Gardinen können um ganze Mustersätze reduziert oder erweitert werden, andere lassen sich durch Einfügen oder Entfernen von Filetreihen an Ihre gewünschte Fenstergröße anpassen.

Häkeln Sie vor Beginn der Arbeit eine kleine Musterprobe, um die endgültige Größe berechnen zu können. Hierzu empfehle ich, ein Quadrat aus 10 Kästchen in Höhe und Breite mit dem Garn und der Häkelnadel, die Sie für die Gardine verwenden wollen, zu häkeln. Aus der Größe des Quadrates können Sie die Größe des fertigen Modells errechnen.

Ganz wichtig für ein optimales Erscheinungsbild einer Häkelarbeit ist das Spannen des fertigen Modells. Der Markt bietet Spannrahmen, Spannunterlagen und Spannvorrichtungen in verschiedenen Ausführungen an. Ich habe für die Modelle des Buches die Hilfe einer Gardinenspannerei in Anspruch genommen und möchte das auch jedem empfehlen, der nicht so geübt ist im Spannen großer Modelle. Eine Gardinenspannerei finden Sie sicher auch in Ihrer Nähe oder im Internet.

Die Filethäkelei

Die Filethäkelei ist eine schnell zu erlernende Häkeltechnik. Wenn Sie das Häkeln von Luftmaschen, Stäbchen, festen Maschen und Kettmaschen beherrschen, dann können Sie bereits alle Modelle des Buches nacharbeiten.

Den Beginn bildet eine Luftmaschenkette. Die benötigte Anzahl Luftmaschen ist bei jedem Modell vermerkt. Dann werden Hin- und Herreihen gearbeitet. Das erste Stäbchen wird dabei durch drei Wendeluftmaschen ersetzt.

Die Filethäkelei ist eine Kombination aus leeren und gefüllten Kästchen. Ein leeres Kästchen besteht aus einem Stäbchen und zwei Luftmaschen, ein gefülltes Kästchen besteht aus drei Stäbchen. Durch das Aneinanderfügen gefüllter Kästchen werden Motive gestaltet.

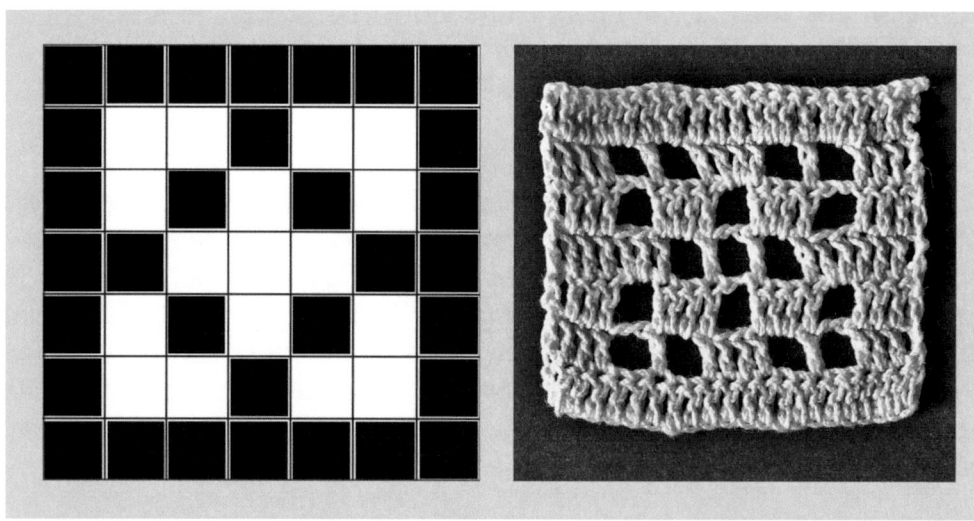

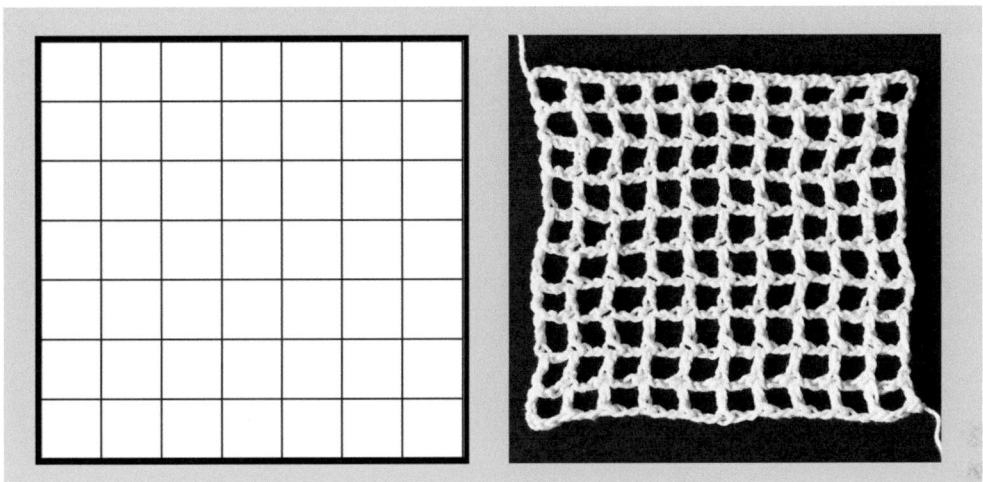

Wenn leere Kästchen auf leere Kästchen gehäkelt werden, müssen die Stäbchen in die Stäbchen der Vorreihe gearbeitet werden. Wenn volle Kästchen auf volle Kästchen gehäkelt werden, werden alle Stäbchen in die Stäbchen der Vorreihe gearbeitet. Wenn volle Kästchen auf leere Kästchen gehäkelt werden, wird ein Stäbchen in das Stäbchen und zwei weitere Stäbchen um die Luftmaschen der Vorreihe gearbeitet. Wenn leere Kästchen auf volle Kästchen gehäkelt werden, dann wird ein Stäbchen in das Stäbchen der Vorreihe gearbeitet und die beiden folgenden Stäbchen werden durch zwei Luftmaschen ersetzt.

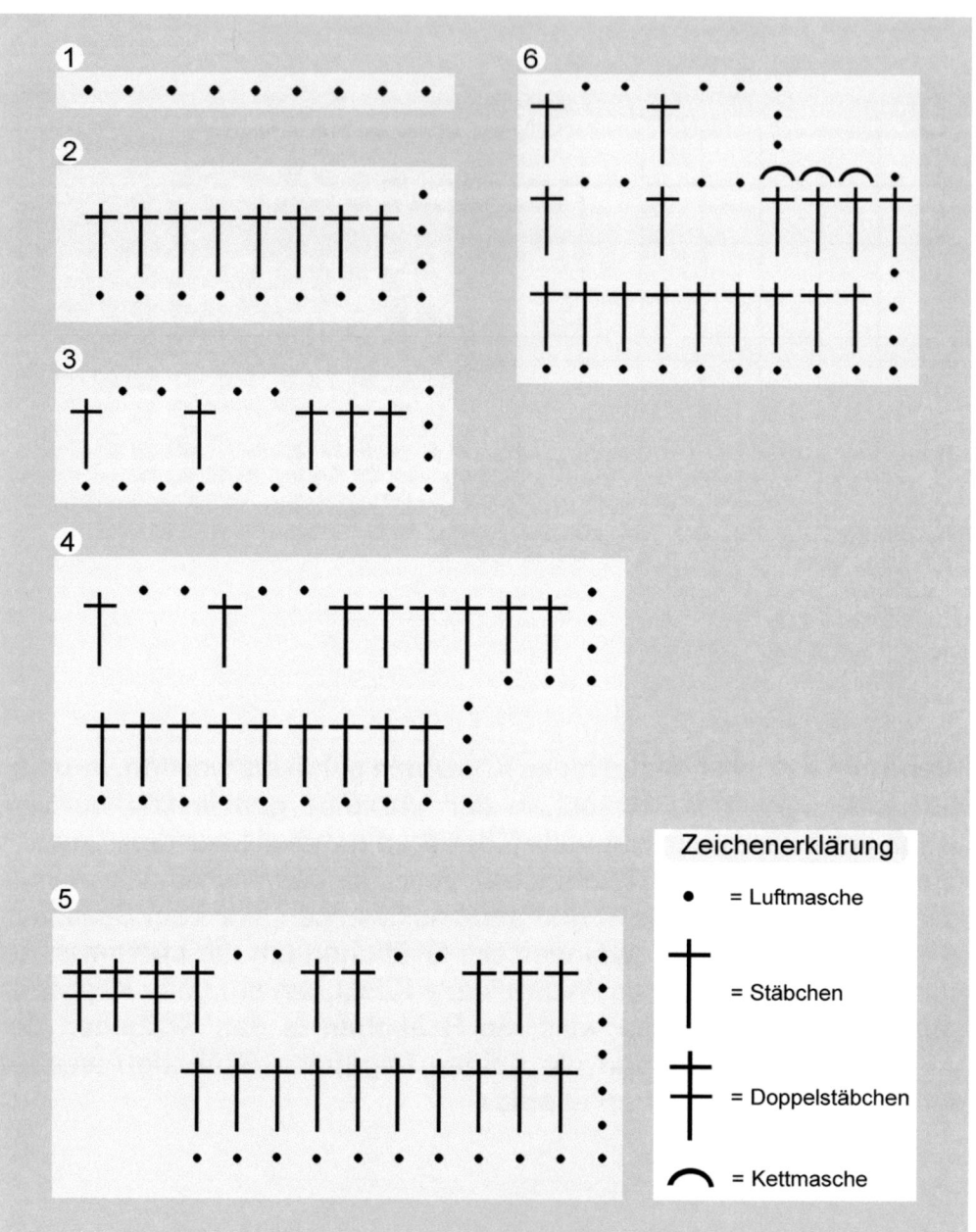

1

2

3

4

5

6

Zeichenerklärung

• = Luftmasche

† = Stäbchen

‡ = Doppelstäbchen

⌒ = Kettmasche

Zunahmen und Abnahmen in der Filethäkelei

Zunahmen:

Bei den Gardinen mit Zickzack- oder Spitzenrändern sind Zunahmen erforderlich. Wenn ein Kästchen am Reihenanfang zugenommen werden soll, werden am Anfang 6 Luftmaschen gehäkelt, die ersten vier ersetzen das erste Stäbchen, in die 5. und 6. Luftmasche wird jeweils ein Stäbchen gearbeitet, das nächste Stäbchen wird in das letzte Stäbchen der Vorreihe gehäkelt. (Abb. 4)

Für das Zunehmen eines Kästchens am Reihenende müssen drei Doppelstäbchen gehäkelt werden. Die Einstichstelle des ersten ist die Einstichstelle des letzten Stäbchens. Die beiden weiteren Doppelstäbchen werden in das erste Abmaschglied des vorigen Doppelstäbchens eingestochen.
Wenn mehrere Kästchen zugenommen werden sollen, verfahren Sie entsprechend. (Abb. 5)

Abnahmen:

Um Kästchen am Reihenanfang abzunehmen, häkeln Sie eine Wendeluftmasche und Kettmaschen in jedes Stäbchen bzw. jede Luftmasche der Vorreihe, bis Sie an die gewünschte Stelle kommen. Um ein Kästchen abzunehmen, häkeln Sie also eine Wendeluftmasche und 2 Kettmaschen. (Abb. 6)
Das Abnehmen am Reihenende ist ganz einfach, Sie enden an der gewünschten Stelle und lassen die übrigen Kästchen unbehäkelt.

Die Randlösungen

Randlösung 1:
Es gibt verschiedene Arten, eine Gardine aufzuhängen. Die einfachste Möglichkeit ist, Gardinenklammern zu benutzen. Diese gibt es in verschiedenen Formen und Farben. Dafür häkeln Sie einen geraden Rand (Beispiel: Leuchtturm)

Randlösung 2:
Gern werden Gardinen gearbeitet, die bereits Schlaufen für die Gardinenstange besitzen. Dieser Randabschluss ist sehr einfach zu arbeiten, er bietet verschiedene Möglichkeiten der Aufhängung und kann problemlos für breitere Stangen abgewandelt werden. Über die letzten vier Kästchen werden ein volles Kästchen, 5 Luftmaschen über 2 Kästchen und wieder ein volles Abschlusskästchen gehäkelt. Diese Randlösung wird bei den meisten im Buch vorgestellten Gardinen verwendet und ist in der Musterzeichnung mit Randlösung 2 bezeichnet (Beispiel: Katzengardine).

Randlösung 3:
Die Randlösung 3 wird ähnlich der Randlösung 2 gearbeitet. Über die letzten 5 Kästchen werden ein volles Kästchen, 7 Luftmaschen über 3 Kästchen und wieder ein volles Abschlusskästchen gehäkelt. In der Rückreihe werden 1 volles Kästchen, 3 Luftmaschen, 1 feste Masche in die vorherige Luftmaschenreihe und wieder drei Luftmaschen sowie ein volles Kästchen gearbeitet. Diese Schlaufen sind breiter als bei Randlösung 2. (Beispiel: Enten-Gardine).

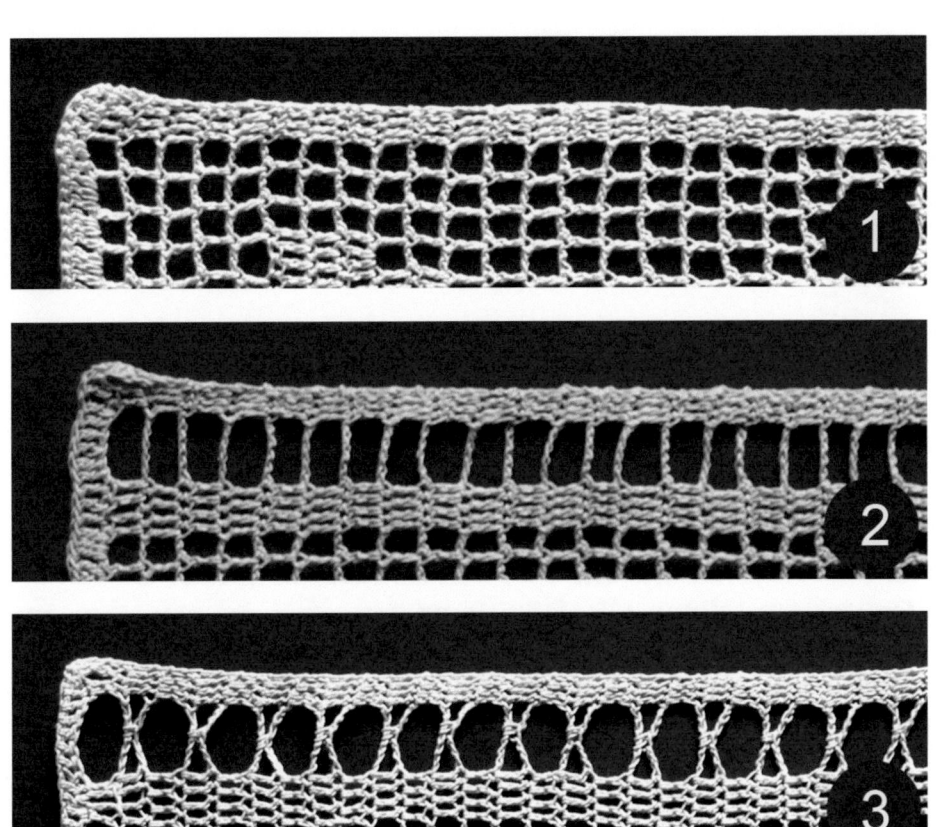

Hinweis:
Alle angegebenen Maße beziehen sich auf die Größe des Modells nach dem Spannen. Um ein optimales Ergebnis zu erzielen, ist das Spannen von Filethäkelarbeiten unverzichtbar.

Gardine in Apricot

Ein ganz einfaches und doch sehr wirkungsvolles Modell!

Breite: 72 cm, Höhe: 53 cm

Material:
120 g Häkelgarn Stärke 10, Farbe: apricot
Häkelnadel Nr. 1,25

Muster auf Seite 69 im Musterteil

Diese Gardine wird von links nach rechts gearbeitet. Sie beginnen mit einer Kette aus 175 Luftmaschen. Die ersten vier Luftmaschen bilden die Randmaschen. Sie häkeln das erste Stäbchen in die fünfte Luftmasche und arbeiten insgesamt 57 gefüllte Kästchen. Dann häkeln Sie der Musterzeichnung entsprechend weiter. Für den Stangendurchzug am oberen Rand häkeln Sie die Randlösung 2 (siehe Lehrgang Filethäkelei).
Die fertige Gardine spannen, anfeuchten, stärken und trocknen lassen.

Tipp: Sie können im oberen Teil einige leere Kästchenreihen einfügen und so die Gardinenhöhe verändern.

Ja, ist denn schon Ostern?

Diese Gardine ist nicht nur in der Osterzeit ein Hingucker, sie wird das ganze Jahr über Ihre Küche schmücken.

Breite: 62 cm, Höhe: 61 cm

Material:
120 g Häkelgarn Stärke 10, Farbe: gelb
Häkelnadel Nr. 1,25

Muster auf Seite 68 im Musterteil

Diese Gardine wird von links nach rechts gearbeitet. Sie beginnen mit einer Kette aus 223 Luftmaschen. Die ersten vier Luftmaschen bilden die Randmaschen. Sie häkeln das erste Stäbchen in die fünfte Luftmasche und arbeiten insgesamt 73 gefüllte Kästchen. Dann häkeln Sie der Musterzeichnung entsprechend weiter. Für den Stangendurchzug am oberen Rand häkeln Sie die Randlösung 2 (siehe Lehrgang Filethäkelei).
Die fertige Gardine spannen, anfeuchten, stärken und trocknen lassen.

Tipp: Diese Gardine wirkt auch gut in Weiß oder Cremeweiß. Die Größe lässt sich bei diesem geraden Modell einfach durch Einfügen weiterer Reihen verändern.

Ein Modell für alle Fenster

Diese Gardine können Sie in jedem Zimmer zum Einsatz bringen. Sie ist schnell gehäkelt und sehr dekorativ.

Breite: 62 cm, Höhe: 61 cm

Material:
100 g Häkelgarn Stärke 15, Farbe: natur
Häkelnadel Nr. 1,25

Muster auf Seite 63 im Musterteil

Diese Gardine wird von links nach rechts gearbeitet. Sie beginnen mit einer Kette aus 211 Luftmaschen. Die ersten vier Luftmaschen bilden die Randmaschen. Sie häkeln das erste Stäbchen in die fünfte Luftmasche und arbeiten insgesamt 69 gefüllte Kästchen. Dann häkeln Sie der Musterzeichnung entsprechend weiter. Die Form des unteren Randes entsteht durch Zu- und Abnahmen wie im Abschnitt Filethäkelei zu Beginn des Buches beschrieben. Für den Stangendurchzug am oberen Rand häkeln Sie die Randlösung 2 (siehe Lehrgang Filethäkelei). Die fertige Gardine spannen, anfeuchten, stärken und trocknen lassen.

Tipp: Die Größe lässt sich bei diesem Modell einfach durch Einfügen weiterer Reihen im oberen Teil bzw. links und rechts verändern. Diese Gardine wirkt in allen Farben, wählen Sie die Farbe einfach entsprechend Ihrer Zimmereinrichtung.

Hier ist Ausdauer gefragt!

Ja, ein bisschen Zeit müssen Sie für diese Gardine schon einplanen, aber die Mühe wird mit einem einzigartigen Blumenarrangement belohnt.

Breite: 71 cm, Höhe: 100 cm

Material:
220 g Häkelgarn Stärke 10, Farbe: weiß
Häkelnadel Nr. 1,25

Muster auf Seite 70 im Musterteil

Diese Gardine wird von oben nach unten gearbeitet. Sie beginnen mit einer Kette aus 259 Luftmaschen. Die ersten vier Luftmaschen bilden die Randmaschen. Sie häkeln das erste Stäbchen in die fünfte Luftmasche und arbeiten insgesamt 85 gefüllte Kästchen. Dann häkeln Sie der Musterzeichnung entsprechend weiter. Diese Gardine hat einen geraden Rand ohne Schlaufen, sie wird mit Donauklammern befestigt. (Randlösung 1, siehe Lehrgang Filethäkelei).
Die fertige Gardine spannen, anfeuchten, stärken und trocknen lassen.

Tipp: Sollte Ihr Fenster höher oder breiter sein, können Sie ohne Weiteres einige Reihen einfügen. Arbeiten Sie dieses Modell doch in Gelb — dann haben Sie ganzjährig den Sommer im Haus!

23

Und noch mehr Blumen!

Blumen kann man doch nicht genug haben, oder? Wie wär's mit einer Tulpen-Gardine?

Breite: 59 cm, Höhe: 61 cm

Material:
110 g Häkelgarn Stärke 10, Farbe: weiß
Häkelnadel Nr. 1,25

Muster auf Seite 61 im Musterteil

Diese Gardine wird von links nach rechts gearbeitet. Sie beginnen mit einer Kette aus 220 Luftmaschen. Die ersten vier Luftmaschen bilden die Randmaschen. Sie häkeln das erste Stäbchen in die fünfte Luftmasche und arbeiten insgesamt 72 gefüllte Kästchen. Dann häkeln Sie der Musterzeichnung entsprechend weiter. Zur Bildung der Bögen am unteren Rand arbeiten Sie Zu- und Abnahmen wie im ersten Teil des Buches beschrieben. Für den Stangendurchzug am oberen Rand häkeln Sie die Randlösung 2 (siehe Lehrgang Filethäkelei).
Die fertige Gardine spannen, anfeuchten, stärken und trocknen lassen.

Tipp: Durch Einfügen weiterer Mustersätze können Sie die Breite der Gardine optimal an Ihr Fenster anpassen.

Ein Schiff wird kommen ...

Eins? Nein, sogar drei Segelschiffe zieren diese kleine Gardine. Sie ist ein echtes Anfängermodell, sie ist einfach zu arbeiten und geht ganz schnell von der Hand.

Breite: 79 cm, Höhe: 39 cm

Material:
100 g Häkelgarn Stärke 10, Farbe: hellblau
Häkelnadel Nr. 1,25

Muster auf Seite 65 im Musterteil

Diese Gardine wird von links nach rechts gearbeitet. Sie beginnen mit einer Kette aus 157 Luftmaschen. Die ersten vier Luftmaschen bilden die Randmaschen. Sie häkeln das erste Stäbchen in die fünfte Luftmasche und arbeiten insgesamt 51 gefüllte Kästchen. Dann häkeln Sie der Musterzeichnung entsprechend weiter. Für den Stangendurchzug am oberen Rand häkeln Sie die Randlösung 2 (siehe Lehrgang Filethäkelei).
Die fertige Gardine spannen, anfeuchten, stärken und trocknen lassen.

Tipp: Durch Einfügen weiterer Mustersätze können Sie die Größe der Gardine verändern.

Das ist doch wohl ein Prachtexemplar!

Mit diesem Modell machen Sie jedem kleinen Seemann eine Riesenfreude.

Breite: 74 cm, Höhe: 96 cm

Material:
200 g Häkelgarn Stärke 10, Farbe: weiß
Häkelnadel Nr. 1,25

Muster auf Seite 64 im Musterteil

Diese Gardine wird von links nach rechts gearbeitet. Sie beginnen mit einer Kette aus 325 Luftmaschen. Die ersten vier Luftmaschen bilden die Randmaschen. Sie häkeln das erste Stäbchen in die fünfte Luftmasche und arbeiten insgesamt 107 gefüllte Kästchen. Dann häkeln Sie der Musterzeichnung entsprechend weiter. Für den Stangendurchzug am oberen Rand häkeln Sie die Randlösung 2 (siehe Lehrgang Filethäkelei).
Die fertige Gardine spannen, anfeuchten, stärken und trocknen lassen.

Tipp: Bei dieser Gardine können Sie durch Einfügen weiterer Filetreihen die Höhe oder die Breite verändern. Übrigens, dieses Muster eignet sich sehr gut zum Sticken — mit blauem Kreuzstich auf weißem Zählstoff erzielen Sie ein tolles Ergebnis!

Urlaubsfeeling für das ganze Jahr

Wäre diese Gardine nicht der Hingucker in Ihrer Ferienwohnung am Meer? Oder erhalten Sie sich zu Hause einfach die Erinnerung an Sommer, Sonne, Strand und Meer. Sie ist ganz einfach zu arbeiten.

Breite: 68 cm, Höhe: 69 cm

Material:
150 g Häkelgarn Stärke 10, Farbe: weiß
Häkelnadel Nr. 1,25

Muster auf Seite 53 im Musterteil

Diese Gardine wird von links nach rechts gearbeitet. Sie beginnen mit einer Kette aus 271 Luftmaschen. Die ersten vier Luftmaschen bilden die Randmaschen. Sie häkeln das erste Stäbchen in die fünfte Luftmasche und arbeiten insgesamt 89 gefüllte Kästchen. Dann häkeln Sie der Musterzeichnung entsprechend weiter. Diese Gardine hat einen geraden Rand ohne Schlaufen, sie wird mit Donauklammern befestigt. (Randlösung 1, siehe Lehrgang Filethäkelei).
Die fertige Gardine spannen, anfeuchten, stärken und trocknen lassen.

Tipp: Dieses Modell wirkt auch in Hellblau sehr gut. Durch Einfügen weiterer Filetreihen können Sie die Höhe oder die Breite verändern.

Ein Traum in Weiß

Könnte diese Gardine nicht auch Ihr Lieblingsmodell werden?

Breite: 62 cm, Höhe: 54 cm

Material:
80 g Häkelgarn Stärke 10, Farbe: weiß
Häkelnadel Nr. 1,25

Muster auf Seite 59 im Musterteil

Diese Gardine wird von links nach rechts gearbeitet. Sie beginnen mit einer Kette aus 97 Luftmaschen. Die ersten vier Luftmaschen bilden die Randmaschen. Sie häkeln das erste Stäbchen in die fünfte Luftmasche und arbeiten insgesamt 31 gefüllte Kästchen. Dann häkeln Sie der Musterzeichnung entsprechend weiter. Zur Bildung der Bögen am unteren Rand arbeiten Sie Zu- und Abnahmen wie im ersten Teil des Buches beschrieben. Für den Stangendurchzug am oberen Rand häkeln Sie die Randlösung 2 (siehe Lehrgang Filethäkelei).
Die fertige Gardine spannen, anfeuchten, stärken und trocknen lassen.

Tipp: Durch Einfügen weiterer Filetreihen im oberen Teil können Sie die Höhe der Gardine optimal an Ihr Fenster anpassen.

Dekorative Ornamente

Dieses Modell passt in jedes Zimmer! In Gelb oder Weiß oder Apricot oder einfach in Ihrer Lieblingsfarbe wird diese Gardine ein echtes Schmuckstück.

Breite: 69 cm, Höhe: 47 cm

Material:
100 g Häkelgarn Stärke 10, Farbe: gelb
Häkelnadel Nr. 1,25

Muster auf Seite 60 im Musterteil

Diese Gardine wird von links nach rechts gearbeitet. Sie beginnen mit einer Kette aus 166 Luftmaschen. Die ersten vier Luftmaschen bilden die Randmaschen. Sie häkeln das erste Stäbchen in die fünfte Luftmasche und arbeiten insgesamt 54 gefüllte Kästchen. Dann häkeln Sie der Musterzeichnung entsprechend weiter. Diese Gardine hat einen geraden Rand ohne Schlaufen, sie wird mit Donauklammern befestigt. (Randlösung 1, siehe Lehrgang Filethäkelei). Die fertige Gardine spannen, anfeuchten, stärken und trocknen lassen.

Tipp: Durch Einfügen weiterer Mustersätze können Sie die Breite der Gardine verändern. Übrigens, auch dieses Muster eignet sich sehr gut zum Sticken in Kreuzstich. Sie erhalten eine wunderschöne Bordüre für Tischdecken, Servietten oder Kissen. — Probieren Sie es aus!

Ein Motiv aus dem Jugendstil

Ein Jugendstil-Ornament ziert diese Gardine. Sie verschönert jedes Fenster und ist in jeder Farbe dekorativ.

Breite: 74 cm, Höhe: 48 cm

Material:
100 g Häkelgarn Stärke 10, Farbe: cremeweiß
Häkelnadel Nr. 1,25

Muster auf Seite 67 im Musterteil

Diese Gardine wird von links nach rechts gearbeitet. Sie beginnen mit einer Kette aus 112   Luftmaschen. Die ersten vier Luftmaschen bilden die Randmaschen. Sie häkeln das erste Stäbchen in die fünfte Luftmasche und arbeiten insgesamt 36 gefüllte Kästchen.
Dann häkeln Sie der Musterzeichnung entsprechend weiter. Zur Bildung der Bögen am unteren Rand arbeiten Sie Zu- und Abnahmen wie im ersten Teil des Buches beschrieben. Diese Gardine hat einen geraden Rand ohne Schlaufen, sie wird mit Donauklammern befestigt. (Randlösung 1, siehe Lehrgang Filethäkelei)
Die fertige Gardine spannen, anfeuchten, stärken und trocknen lassen.

Tipp: Durch Einfügen zusätzlicher Filetreihen können Sie die Höhe der Gardine an Ihr Fenster anpassen.

Drei kleine Samtpfötchen

Lieben Sie Katzen? Dann ist hier das passende Modell für Sie! Es ist ganz schnell gehäkelt und gut für Anfänger geeignet.

Breite: 70 cm, Höhe: 46 cm

Material:
100 g Häkelgarn Stärke 10, Farbe: cremeweiß
Häkelnadel Nr. 1,25

Muster auf Seite 66 im Musterteil

Diese Gardine wird von links nach rechts gearbeitet. Sie beginnen mit einer Kette aus 175 Luftmaschen. Die ersten vier Luftmaschen bilden die Randmaschen. Sie häkeln das erste Stäbchen in die fünfte Luftmasche und arbeiten insgesamt 57 gefüllte Kästchen. Dann häkeln Sie der Musterzeichnung entsprechend weiter. Für den Stangendurchzug am oberen Rand häkeln Sie die Randlösung 2 (siehe Lehrgang Filethäkelei).
Die fertige Gardine spannen, anfeuchten, stärken und trocknen lassen.

Tipp: Durch Einfügen zusätzlicher Mustersätze können Sie die Breite der Gardine verändern. Hier sehen Sie, wie einfach ein Filethäkelmuster in ein Kreuzstichmuster umgewandelt werden kann. Das Motiv auf dem Beutelchen ist das gleiche wie auf der Gardine.

Blütenranke

Mit dieser Gardine wird Ihr Fenster zum Blickfang!

Breite: 86 cm, Höhe: 43 cm

Material:
120 g Häkelgarn Stärke 10, Farbe: cremeweiß
Häkelnadel Nr. 1,25

Muster auf Seite 58 im Musterteil

Diese Gardine wird von links nach rechts gearbeitet. Sie beginnen mit einer Kette aus 109 Luftmaschen. Die ersten vier Luftmaschen bilden die Randmaschen. Sie häkeln das erste Stäbchen in die fünfte Luftmasche und arbeiten insgesamt 35 gefüllte Kästchen. Dann häkeln Sie der Musterzeichnung entsprechend weiter. Die Form des unteren Randes entsteht durch Zu- und Abnahmen wie im Abschnitt Filethäkelei zu Beginn des Buches beschrieben. Für den Stangendurchzug am oberen Rand häkeln Sie die Randlösung 2 (siehe Lehrgang Filethäkelei). Die fertige Gardine spannen, anfeuchten, stärken und trocknen lassen.

Tipp: Die Höhe der Gardine können Sie durch Einfügen weiterer Filetreihen verändern. Sie eignet sich auch als Abschluss an einem Stoffrollo — dazu müssen Sie jedoch die Schlaufenreihe weglassen.

Alle meine Entchen ...

Das ist das Modell fürs Kinderzimmer - in Hellblau oder Weiß auch toll fürs Badezimmer.

Breite: 76 cm, Höhe: 39 cm

Material:
100 g Häkelgarn Stärke 10, Farbe: sonnengelb
Häkelnadel Nr. 1,25

Muster auf Seite 57 im Musterteil

Diese Gardine wird von links nach rechts gearbeitet. Sie beginnen mit einer Kette aus 133 Luftmaschen. Die ersten vier Luftmaschen bilden die Randmaschen. Sie häkeln das erste Stäbchen in die fünfte Luftmasche und arbeiten insgesamt 43 gefüllte Kästchen. Dann häkeln Sie der Musterzeichnung entsprechend weiter. Für den Stangendurchzug am oberen Rand häkeln Sie die Randlösung 3 (siehe Lehrgang Filethäkelei).
Die fertige Gardine spannen, anfeuchten, stärken und trocknen lassen.

Tipp: Durch Einfügen weiterer Mustersätze können Sie die Breite der Gardine Ihren Wünschen anpassen. Auch dieses Muster eignet sich nicht nur zum Häkeln sondern auch zum Sticken. In Kreuzstich gestickt erhalten Sie eine niedliche Bordüre.

43

Einfach aber wirkungsvoll

Diese Gardine ist nicht schwierig aber sehr dekorativ.

Breite: 81 cm, Höhe: 40 cm

Material:
100 g Häkelgarn Stärke 10, Farbe: cremeweiß
Häkelnadel Nr. 1,25

Muster auf Seite 56 im Musterteil

Diese Gardine wird von links nach rechts gearbeitet. Sie beginnen mit einer Kette aus 124 Luftmaschen. Die ersten vier Luftmaschen bilden die Randmaschen. Sie häkeln das erste Stäbchen in die fünfte Luftmasche und arbeiten insgesamt 40 gefüllte Kästchen. Dann häkeln Sie der Musterzeichnung entsprechend weiter. Die Form des unteren Randes entsteht durch Zu- und Abnahmen wie im Abschnitt Filethäkelei zu Beginn des Buches beschrieben.
Für den Stangendurchzug am oberen Rand häkeln Sie die Randlösung 2 (siehe Lehrgang Filethäkelei).
Die fertige Gardine spannen, anfeuchten, stärken und trocknen lassen.

Tipp: Durch Einfügen weiterer Mustersätze können Sie die Breite der Gardine Ihren Wünschen anpassen.

Schneemann bau'n und Schneeball-schlacht, Winter ist so schön ...

Wenn Sie diesen Schneemann bauen, können Sie gemütlich im warmen Zimmer sitzen.

Breite: 60 cm, Höhe: 105 cm

Material:
200 g Häkelgarn Stärke 10, Farbe: weiß
Häkelnadel Nr. 1,25

Muster auf Seite 62 im Musterteil

Diese Gardine wird von oben nach unten gearbeitet. Sie beginnen mit einer Kette aus 259 Luftmaschen. Die ersten vier Luftmaschen bilden die Randmaschen. Sie häkeln das erste Stäbchen in die fünfte Luftmasche und arbeiten insgesamt 85 gefüllte Kästchen. Dann häkeln Sie der Musterzeichnung entsprechend weiter. Diese Gardine hat einen geraden Rand ohne Schlaufen, sie wird mit Donauklammern befestigt. (Randlösung 1, siehe Lehrgang Filethäkelei)
Die fertige Gardine spannen, anfeuchten, stärken und trocknen lassen.

Tipp: Durch Einfügen einiger zusätzlicher Filetreihen links oder rechts können Sie die Breite der Gardine etwas verändern.

47

Und was wird aus den Resten?

Wenn Sie viel häkeln, haben Sie bestimmt auch schon einen ganzen Korb voller Restknäule übrig. Kleine und große Reste eignen sich gut für Borten und Spitzen. Diese eignen sich gut als Abschluss an Stoffgardinen oder Stoffrollos, als Regalborte oder Handtuchborte.
Die Breitenangaben beziehen sich auf die Verwendung von Häkelgarn in Stärke 10.

Borte grün
Breite ca. 14 cm
Sie beginnen mit einer Kette aus 52 Luftmaschen. Die ersten vier Luftmaschen bilden die Randluftmaschen. Sie häkeln das erste Stäbchen in die fünfte Luftmasche und arbeiten insgesamt 16 gefüllte Kästchen. Dann arbeiten Sie weiter nach Musterzeichnung bis Sie die gewünschte Länge erreicht haben.
Musterzeichnung auf Seite 55

Borte blau
Breite: ca. 10 cm
Sie beginnen mit einer Kette aus 40 Luftmaschen. Die ersten vier Luftmaschen bilden die Randluftmaschen. Sie häkeln das erste Stäbchen in die fünfte Luftmasche und arbeiten insgesamt 12 gefüllte Kästchen. Dann arbeiten Sie weiter nach Musterzeichnung bis Sie die gewünschte Länge erreicht haben.
Musterzeichnung auf Seite 52

weiter auf Seite 50

Borte gelb
Breite: ca. 14 cm
Sie beginnen mit einer Kette aus 55 Luftmaschen. Die ersten vier Luftmaschen bilden die Randluftmaschen. Sie häkeln das erste Stäbchen in die fünfte Luftmasche und arbeiten insgesamt 17 gefüllte Kästchen. Dann arbeiten Sie weiter nach Musterzeichnung bis Sie die gewünschte Länge erreicht haben.
Musterzeichnung auf Seite 54

Borte rot
Breite: ca. 11 cm
Sie beginnen mit einer Kette aus 43 Luftmaschen. Die ersten vier Luftmaschen bilden die Randluftmaschen. Sie häkeln das erste Stäbchen in die fünfte Luftmasche und arbeiten insgesamt 13 gefüllte Kästchen. Dann arbeiten Sie weiter nach Musterzeichnung bis Sie die gewünschte Länge erreicht haben.
Musterzeichnung auf Seite 54

Die Borten nach Fertigstellung anfeuchten, spannen und trocknen lassen, erst dann an den Stoff nähen.

Musterteil

Musterteil

Tipp: Lassen Sie sich die Muster bei Bedarf im Schreibwarenladen oder Copy-Shop vergrößern. Auch viele Handarbeitsgeschäfte bieten diesen Service an.

Übrigens, alle Muster können Sie nicht nur häkeln, sondern auch im Kreuzstich sticken. Ein Beispiel dafür finden Sie bei der Katzengardine.

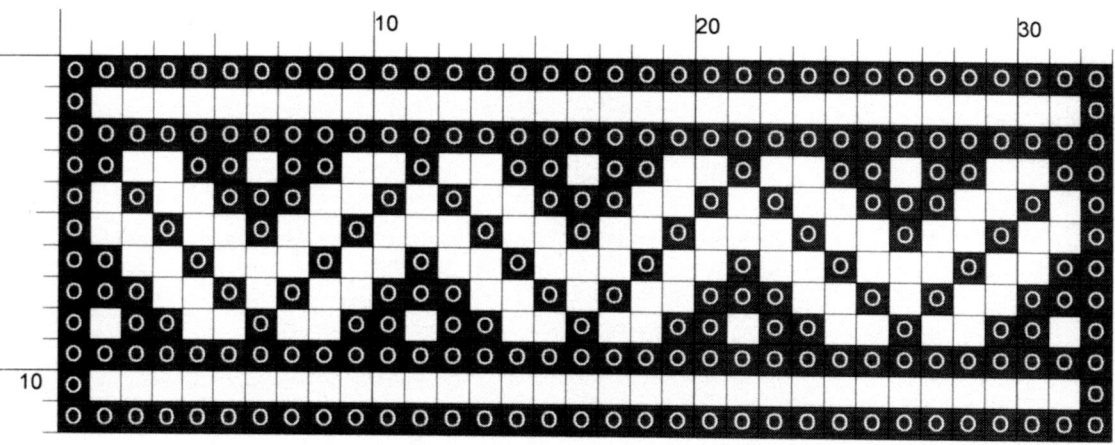

53

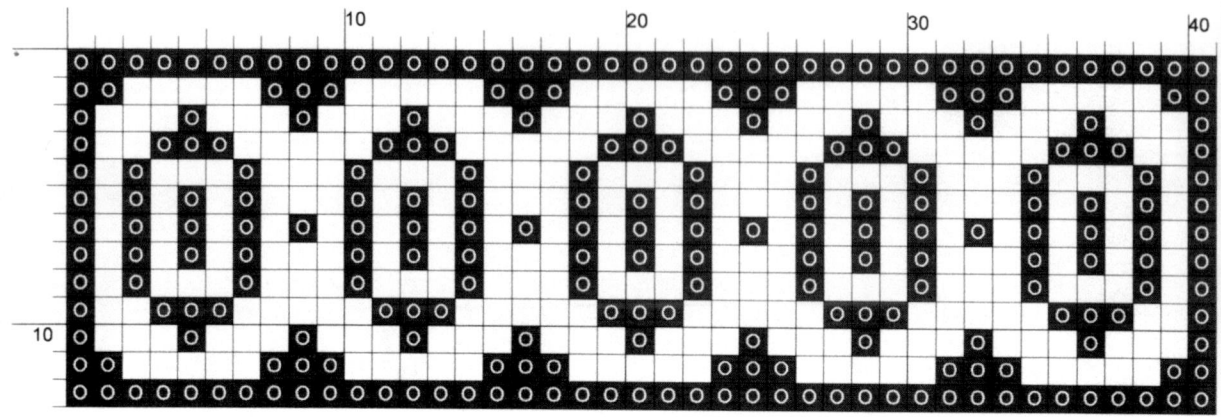

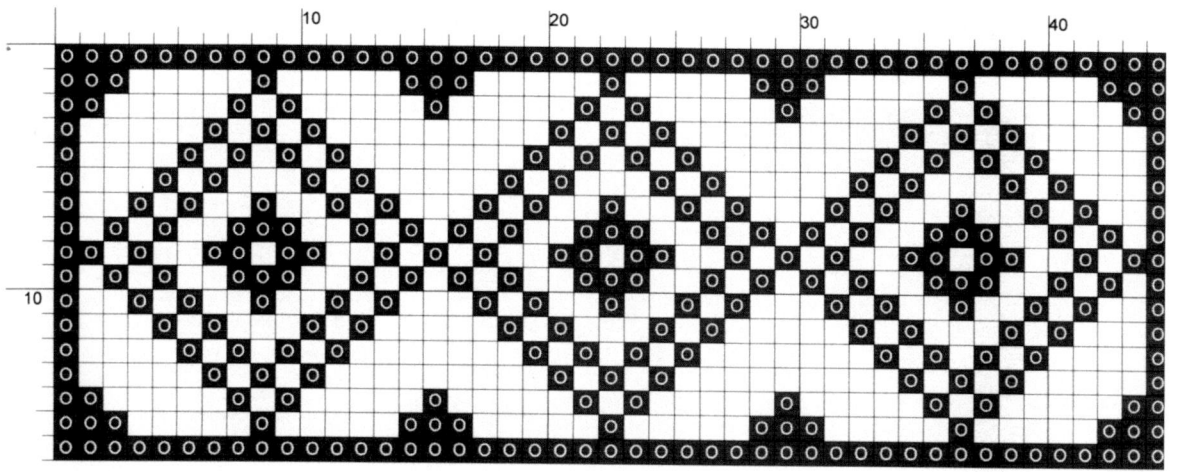

54

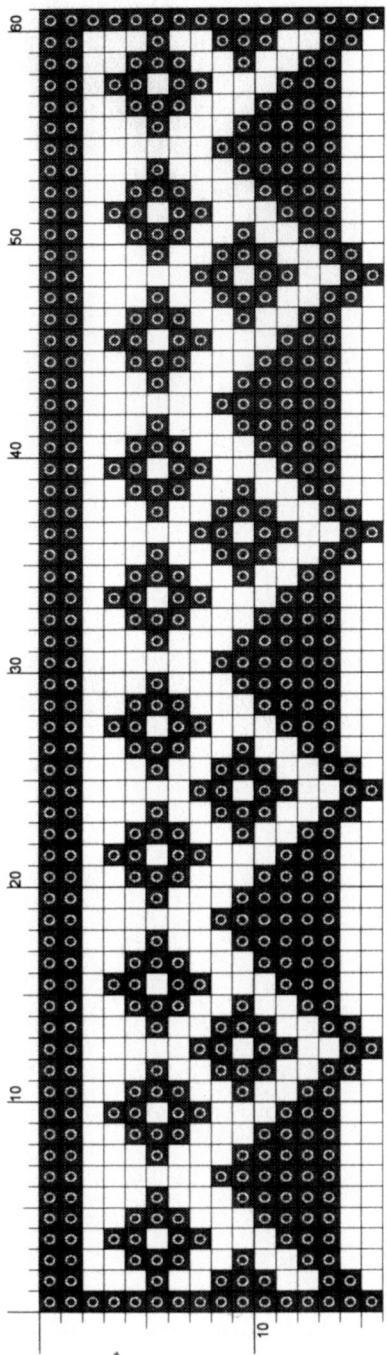

55

56

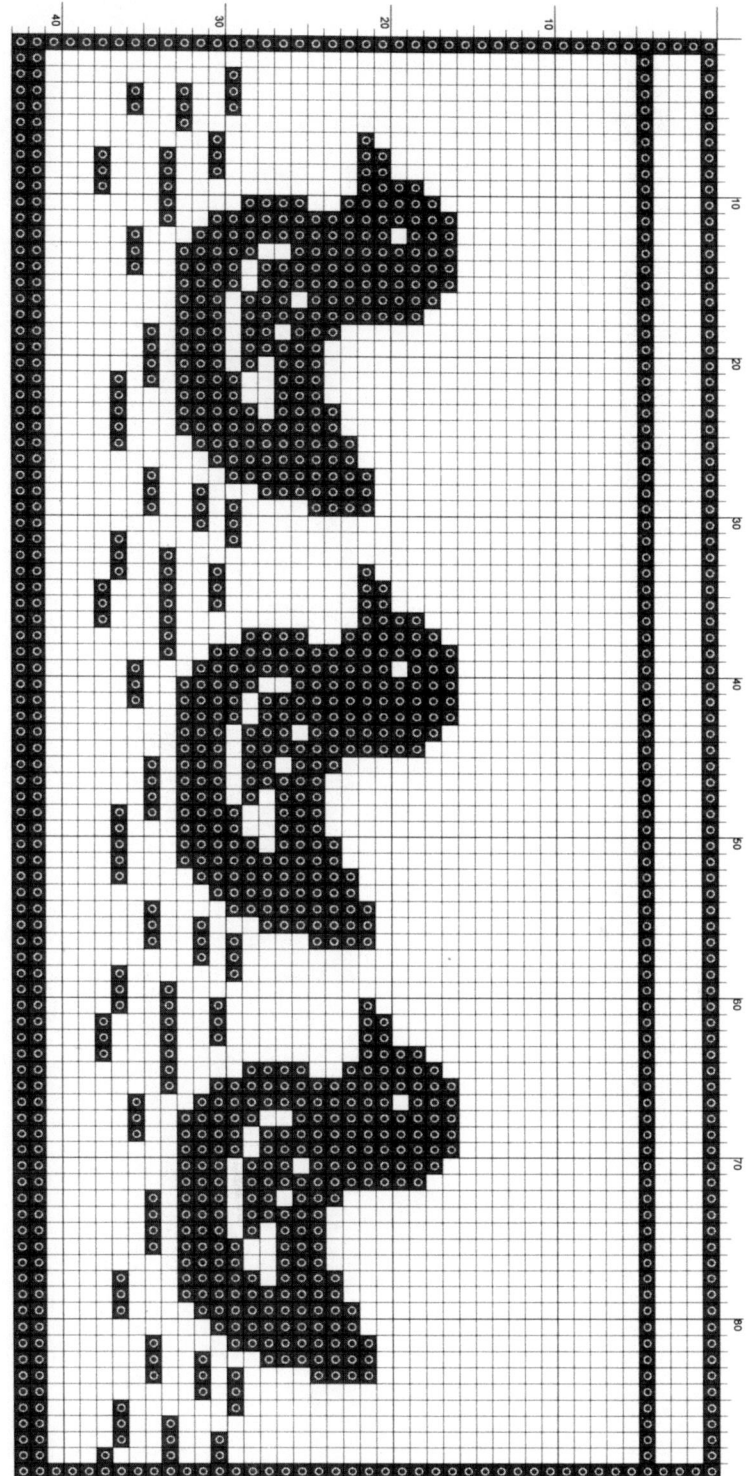

57

58

59

60

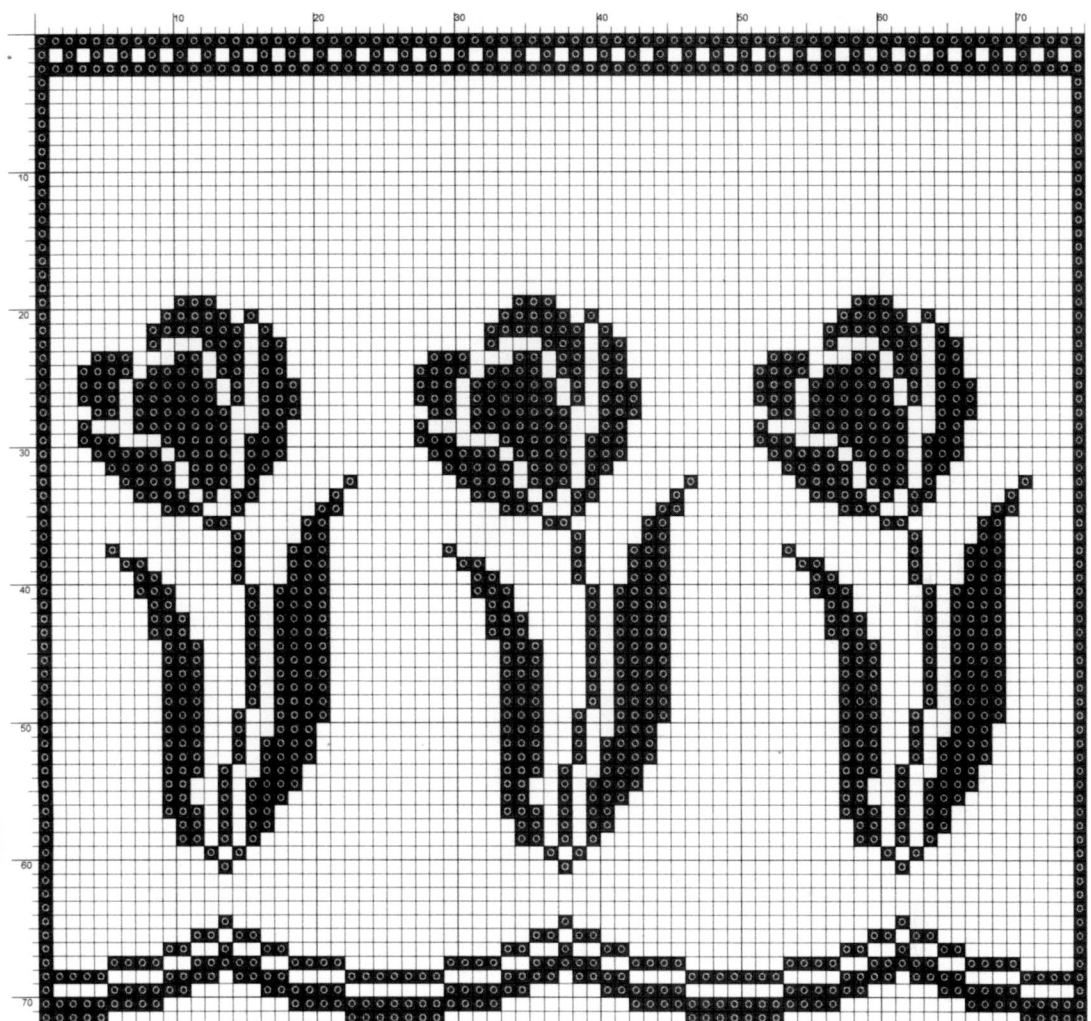

61

62

63

64

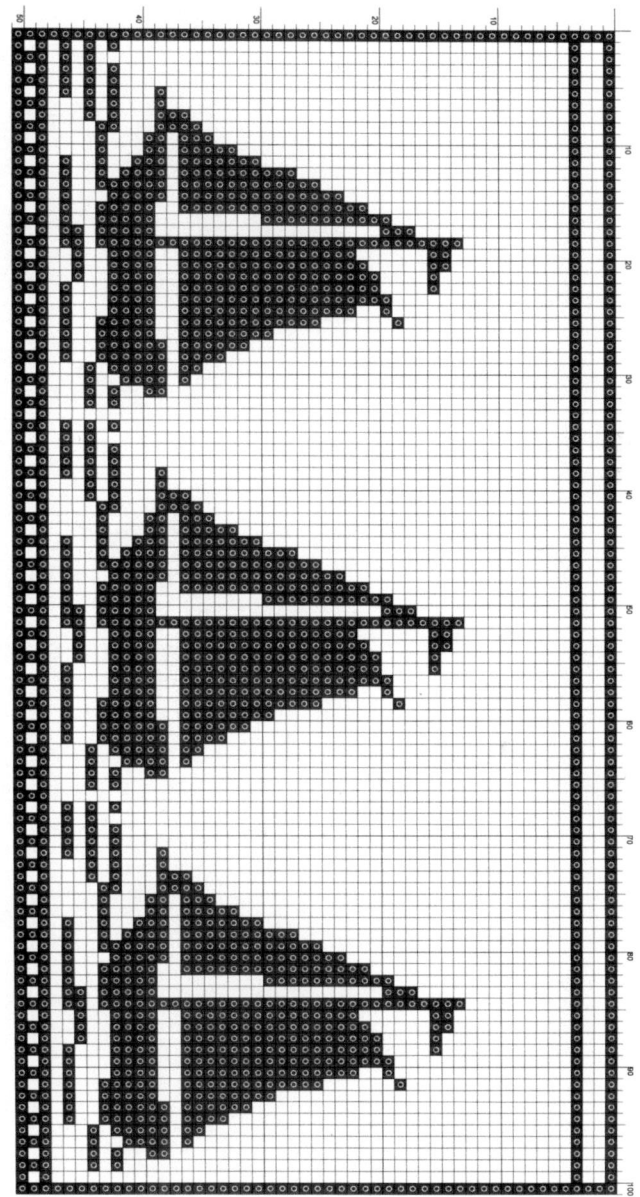

65

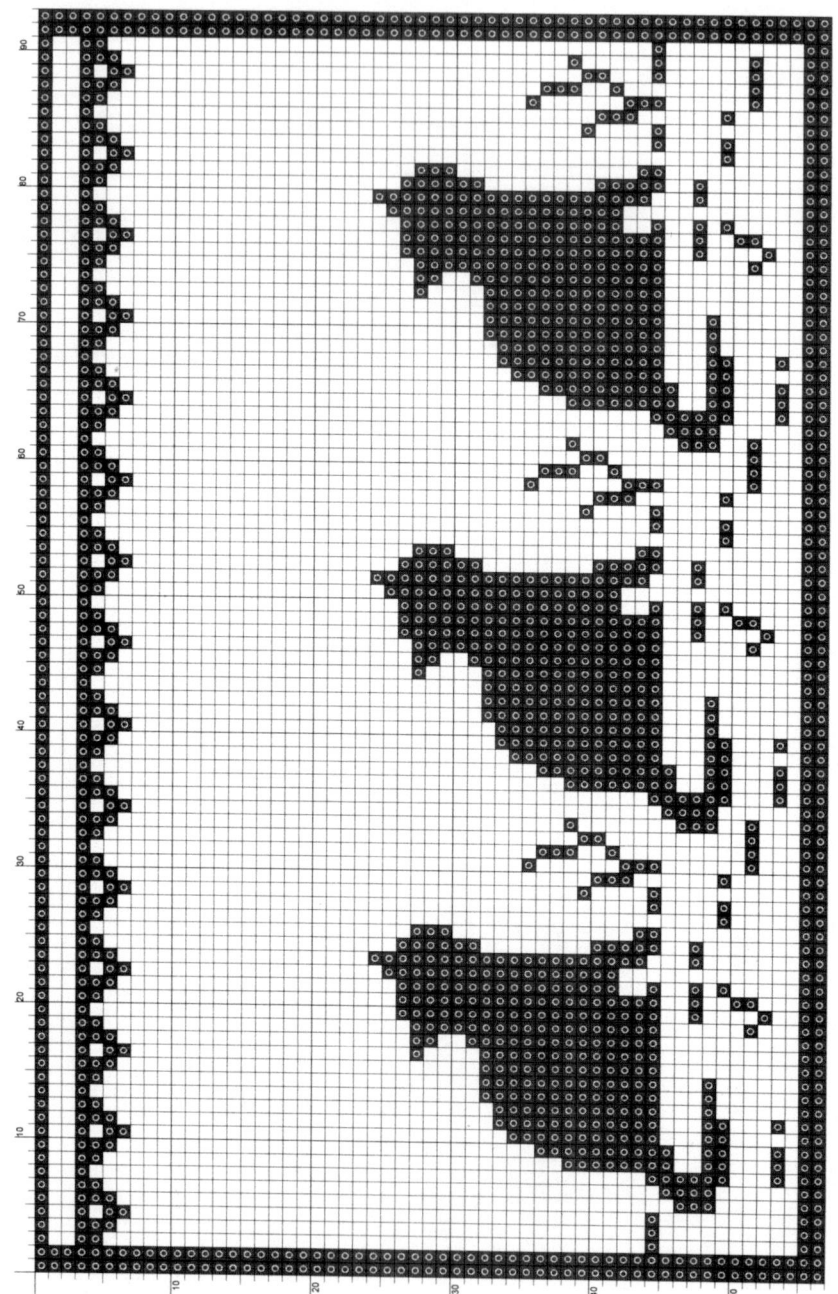

66

67

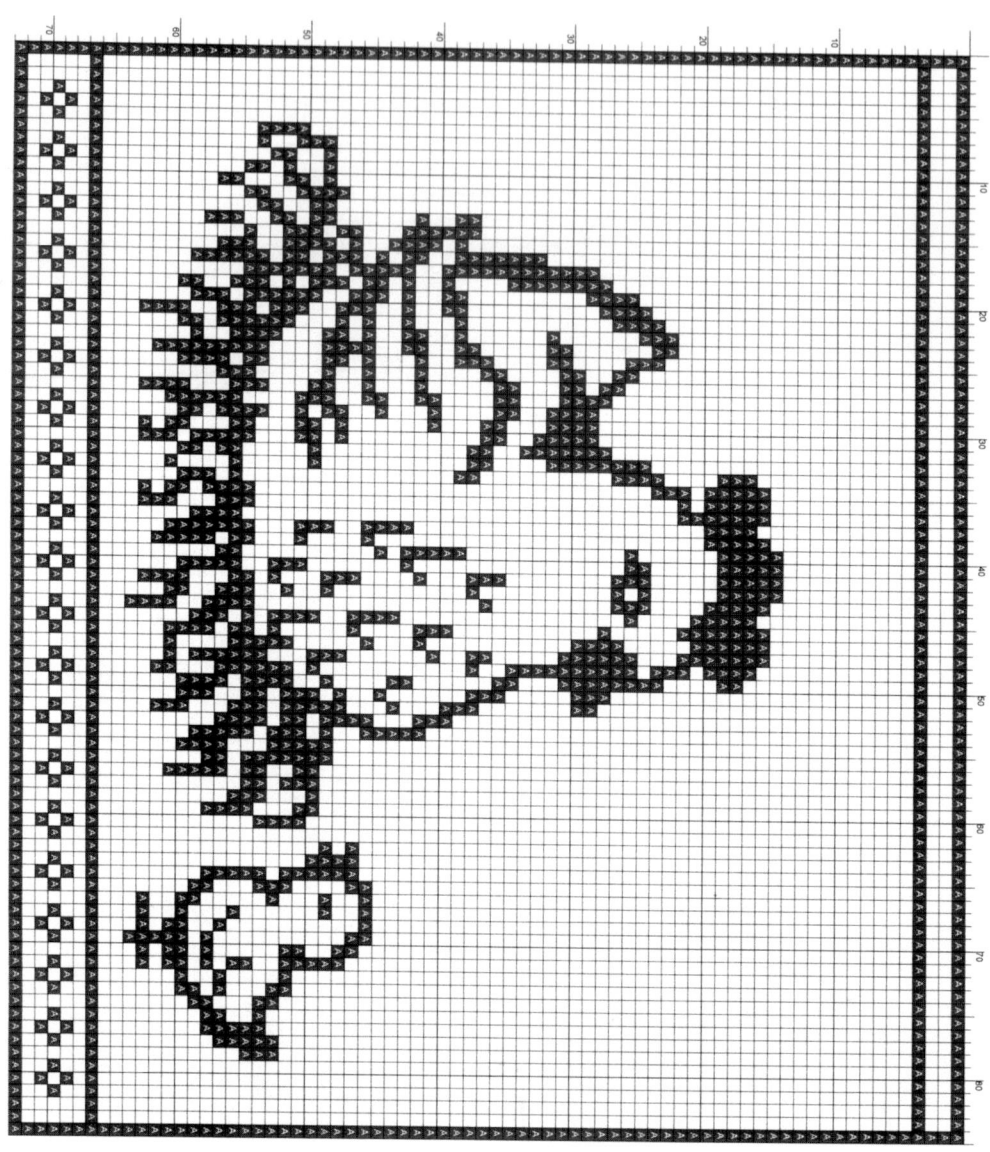

68

69

70

Liebe Leserinnen und Leser,

selbst bei sorgfältiger Arbeit und mehrfacher Korrektur kann es passieren, dass sich doch noch ein Fehler eingeschlichen hat. Ich hoffe auf Ihr Verständnis.

Bei Fragen oder Unklarheiten oder wenn Sie mir einfach Ihre Meinung zum Buch mitteilen wollen, erreichen Sie mich per e-mail: gardinen@email.de.

Haben Sie Interesse an weiteren Häkel-Ideen? Noch mehr gehäkelte Gardinen finden Sie in den Büchern

Gehäkelte Gardinen, ISBN 978-3839137604, 9,95 EUR

Gehäkelte Gardinen 2, ISBN 978-3842384934, 9,95 EUR

Impressum